INSTRUCTION

POUR

LES REVUES

DE LA

MARÉCHAUSSÉE.

Du 28 Avril 1778.

A PARIS,

DE L'IMPRIMERIE ROYALE.

M. DCCLXXVIII.

TABLE DES TITRES

Contenus dans cette Instruction.

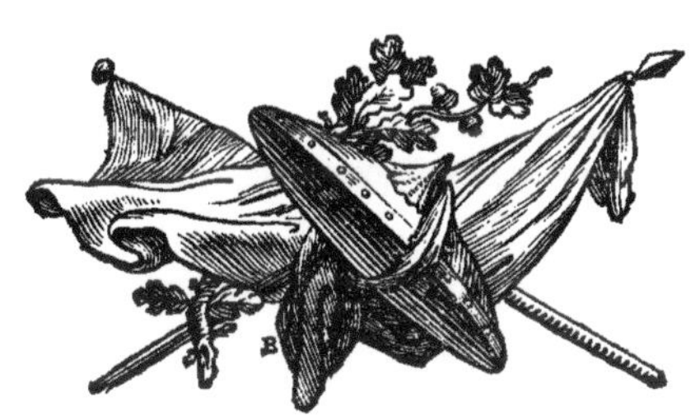

INSTRUCTION

INSTRUCTION

Que LE ROI *a fait dresser pour régler la manière dont les Brigades de Maréchaussée devront passer les différentes revues.*

Du 28 Avril 1778.

SA MAJESTÉ voulant établir l'uniformité dans la manière dont les brigades de Maréchaussée devront passer les revues, & régler tout ce qui a rapport à leur formation, au maniement des armes, nécessaire pour les inspections, à la marche, & enfin aux objets relatifs à l'équitation : Elle a ordonné & ordonne ce qui suit :

TITRE PREMIER.

De l'Armement.

LES Officiers, ainsi que les Trompettes, seront armés d'un sabre & d'une paire de pistolets, conformes aux modèles.

L'armement du Cavalier consistera en un sabre, un mousqueton, une baïonnette & une paire de pistolets de neuf pouces de longueur seulement, pour qu'il puisse, en les ôtant de l'arçon, les mettre dans sa poche lorsqu'il aura quelque service à faire à pied.

Les Officiers, bas Officiers & Cavaliers, soit à pied

ou à cheval, porteront le ſabre en baudrier, la garde placée en avant du bras, lorſqu'on le laiſſera tomber naturellement.

Les Officiers, bas Officiers & Cavaliers, ſeront montés ſur des chevaux ayant tous leurs crins, de la taille de quatre pieds huit à neuf pouces ſous potence, & de tournure convenable.

TITRE II.

Du Salut.

LES Officiers & bas Officiers mettront le ſabre à la main, le porteront & le remettront dans le fourreau de la même manière que les Cavaliers.

L'Officier ou le bas Officier commandant une troupe ou brigade, ſaluera ſeul du ſabre, en quatre temps, ſoit à pied, ſoit à cheval, de pied-ferme ou en marchant.

PREMIER. A quatre pas de diſtance de la perſonne qu'on devra ſaluer; élever vivement le ſabre perpendiculaire, la pointe en haut le tranchant à gauche, la garde vis-à-vis & à un pied de diſtance de l'épaule droite, le coude un demi-pied plus bas que le poignet.

SECOND. Baiſſer ſans précipitation la lame, dirigeant la pointe vers le pied.

TROISIÈME. Renverſer le ſabre la pointe en haut comme au premier temps.

QUATRIÈME. Porter le ſabre à l'épaule.

Les Officiers & bas Officiers ne ſalueront jamais du chapeau étant ſous les armes; mais dans le cas où le Saint-Sacrement paſſeroit devant une troupe, le Commandant & les Cavaliers baiſſeront d'un ſeul temps la pointe du ſabre juſque vers le pied, & le rapporteront d'un ſeul temps, ſe réglant ſur le Commandant, après que le Saint-Sacrement ſera paſſé.

Si la troupe eſt à pied, les Cavaliers préſenteront les

armes; mettront le genou droit en terre à ſix pouces en arrière, appuyant la croſſe à terre vis-à-vis le genou droit ſur l'alignement du talon gauche; ils la quitteront de la main droite pour la porter au chapeau ſans l'ôter, mais en inclinant la tête.

L'Officier, après avoir baiſſé la pointe du ſabre, mettra, en même temps que la troupe, genou en terre, poſant la pointe du ſabre vis-à-vis le genou droit; il portera la main gauche au chapeau & s'inclinera de même.

Soit à pied, ſoit à cheval, s'il y a un Trompette, il ſonnera *la marche*. Le Saint-Sacrement étant paſſé, la troupe ſe relèvera & ſe replacera ſous les armes au commandement *debout* fait par le Chef.

TITRE III.

De l'Aſſemblée des Brigades & de leur formation à pied.

LORSQUE les brigades d'une Lieutenance ſeront raſſemblées & qu'elles devront prendre les armes à pied, ſoit pour paſſer une revue ou pour toute autre raiſon, le Trompette ſonnera *des appels*, auquel ſignal chaque Commandant de brigade conduira les Cavaliers de ſa brigade au rendez-vous indiqué, où il la formera ſur un rang, ſe plaçant à la droite, & ſa brigade dans le rang qu'elle devra occuper dans la troupe, relativement à ſon ancienneté.

FORMATION.

Lorſque la troupe ne ſera composée que de cinq brigades, elle ſe formera ſur un ſeul rang, la première brigade à la droite & la dernière à la gauche; mais toutes les fois que la troupe ſera compoſée de ſix brigades & au-deſſus, elle ſe formera ſur deux rangs; les premières brigades rangées de même ſuivant leur ancienneté, de la droite à la gauche composant le premier rang; & les dernières formant le second rang dans le même ordre, à la distance de huit pieds du premier.

Les Cavaliers seront rangés de manière que les coudes se touchent sans se gêner & reposés sur les armes.

Le Trompette sera placé à la droite du premier rang à un pas d'intervalle de la première file.

Les Officiers se trouveront pareillement au rendez-vous de la troupe; les Sous-lieutenans feront l'appel de leurs brigades, & examineront s'il ne manque rien aux hommes, ni à toutes les parties de leur habillement, équipement & armement.

Le Lieutenant après avoir réçu les différens comptes des Sous-lieutenans & s'être assuré qu'il n'y manque personne, passera lui-même par-devant & par-derrière les rangs pour en faire la visite: cet examen fini, il fera l'inspection des armes en se conformant à ce qui suit.

TITRE IV.

De l'inspection à pied.

LA position du Cavalier reposé sur l'arme, sera ordinairement ayant la main basse, le canon entre le premier doigt & le pouce, la main alongée les doigts joints, le bout du canon à deux pouces de l'épaule, la baguette en avant, le talon de la crosse à un pouce & à hauteur de la pointe du pied droit.

1.

Garde = à vous.

2.

Inspection = des armes.

Faire à droite & demi sur le talon gauche en portant le pied droit à six pouces du gauche perpendiculairement en arrière

arrière de l'alignement, les pieds en équerre; saisir l'arme de la main gauche à hauteur du dernier bouton de la veste; incliner le bout du canon en arrière, sans déranger le talon de la crosse, la baguette tournée vers le corps: porter aussitôt, en écartant un peu l'arme du corps, la main droite à la baïonnette en la saisissant par la douille & la branche, la tirer du fourreau, la porter & la placer au bout du canon en rapprochant l'arme du corps; saisir aussitôt la baguette entre le pouce & le premier doigt ployé, la tirer tout de suite à moitié hors des tenons, renverser vivement la main le pouce en bas, le coude élevé pour la saisir près du premier porte-baguette avec le bout des doigts & le pouce; achever de la tirer dans la même direction en étendant le bras de toute sa longueur; tourner le bras tendu, la baguette entre la baïonnette & le visage, porter le gros bout dans le canon, l'enfoncer jusqu'à la main pour ensuite la laisser glisser & faire face en tête aussitôt, reprenant la première position.

Alors l'Officier qui inspectera la troupe, prendra, s'il le juge à propos, l'arme du Cavalier devant lequel il passera, pour en faire l'examen, ou s'il ne la prend pas, le Cavalier élèvera de la main gauche la baguette & la laissera retomber. Dès que l'Officier sera passé, le Cavalier remettra de lui-même la baguette en reprenant la position prescrite au commandement: *Inspection des armes;* chasser vivement la baguette à moitié hors du canon, descendre la main, le premier doigt contre le bout du canon, la main renversée le pouce en bas, le coude élevé à hauteur du poignet, achever de la tirer, la tourner entre la baïonnette & le visage, pour placer le petit bout dans les tenons; la faire glisser & l'enfoncer tout de suite en plaçant le creux de la main un peu ployé sur le gros bout, remettre ensuite la baïonnette & faire face en tête.

Si on veut seulement faire mettre la baïonnette au canon, on commandera:

Baïonnette = au canon.

Mettre la baïonnette au bout du canon & faire aussitôt face en tête.

L'inspection finie, on commandera:

Portez = vos armes.

Élever vivement l'arme de la main droite, la faisant couler dans la main jusqu'à la capucine en tournant le canon en dehors, pour la porter vis-à-vis l'épaule gauche; placer aussitôt la main gauche sous la crosse & laisser en même-temps tomber la main droite sur le côté.

PORT DE L'ARME.

L'arme dans la main gauche, le bras presque alongé, les trois derniers doigts sous le talon de la crosse, le premier doigt sur la vis, le pouce en-dessus, le coude près du corps, l'arme droite & ferme, le canon en-dehors, la baguette au défaut de l'épaule, la main droite sur le côté, les talons joints & posés sur la même ligne, les pieds en-dehors formant une équerre, les jarrets tendus sans roideur, le corps bien à-plomb, la tête haute, droite & libre, la poitrine saillante, les épaules effacées & également tombantes, la tête un peu tournée à droite, de manière que l'œil gauche se trouve dans la direction des boutons de la veste.

Le Commandant fera ensuite serrer les rangs & porter l'arme au bras.

Serrez = vos rangs. = Marche.

Le second rang serrera sur le premier à la distance d'un pied.

L'arme = au bras.

Saisir de la main droite la crosse à quatre doigts au-dessous de la platine en l'élevant un peu; quitter la crosse de la main gauche pour placer l'avant-bras gauche étendu sur la poitrine contre le chien, la main sur le téton droit, la main droite se replaçant sur le côté.

La troupe étant inspectée, on fera compter les Cavaliers par deux, par la droite de chaque rang; les Officiers se placeront comme il est prescrit ci-après, & le Lieutenant fera rompre la troupe comme il le jugera à propos, pour la conduire sur le terrein où devra se passer la revue.

Garde = à vous.

Par brigade { *En avant* ou *sur la droite.* } = *Marche.*

La première brigade ſe portera en avant ou vers le côté indiqué, les autres brigades du premier rang ſe rompront pour ſuivre & ſe porter par la voie la plus courte ſur la direction de la première: le ſecond rang ſe rompra dans le même ordre, partant du terrein qu'il occupera.

Dans la marche en colonne, le Lieutenant marchera à la tête de la colonne, ayant le premier Sous-lieutenant à ſa gauche, les autres Sous-lieutenans s'il y en a pluſieurs, marcheront à la tête des brigades dont ils auront le commandement.

Le Trompette marchera à deux pas en avant du Commandant & ſonnera *la marche.*

Si le terrein ne permettoit pas de marcher par le front d'une brigade, on feroit marcher par deux.

Garde = à vous.

Par deux = Marche.

Les deux Cavaliers de la droite de la première brigade ſe porteront en avant & ſeront ſuivis des deux de la gauche; la ſeconde brigade & ſucceſſivement toutes celles de la colonne, ſe rompront dans le même ordre partant du terrein qu'elles occuperont.

S'il étoit néceſſaire de défiler, on dédoubleroit par le même principe.

Doubler le front.

On commandera:

Garde = à vous.

En avant = formez les brigades. = Marche.

Les deux Cavaliers du ſecond rang de la première brigade, doubleront à la gauche des premiers, & ainſi des autres brigades.

Se former en bataille.

Garde = à vous.

En avant
ou
à gauche
ou
ſur la droite. } *En bataille. = Marche.*

Si c'eſt en avant, la première brigade après s'être portée deux pas en avant, fera *halte.* Les brigades qui devront compoſer le premier rang de la troupe, ſe porteront diagonalement à gauche pour ſe former ſucceſſivement à la gauche de la première. Et les brigades qui devront occuper le ſecond rang, ſe formeront dans le même ordre à la gauche les unes des autres.

Si on doit ſe former à gauche, les brigades qui devront compoſer le premier rang, feront chacune un quart de converſion à gauche, ſe porteront un pas en avant & feront *halte.* Les brigades qui devront compoſer le ſecond rang, continueront de marcher en avant pour ſe former par le même mouvement ſur la direction de leur chef-de-file & à un pied de diſtance du premier rang.

Si au contraire il a été ordonné de ſe former ſur la droite, la première brigade fera *à droite,* ſe portera à deux pas en avant & fera *halte,* les brigades ſuivantes qui devront compoſer le premier rang, continueront à marcher en avant & iront ſe former ſucceſſivement par un *à droite* à la gauche de la première; la brigade qui devra avoir la droite du ſecond rang, fera un quart de converſion *à droite* en arrivant à hauteur de la première, ſe portera un pas en avant & fera *halte,* les brigades ſuivantes continuant à marcher, ſe formeront ſucceſſivement dans le même ordre à la gauche les unes des autres.

La troupe étant formée en bataille, les Officiers ſe placeront à la tête du premier rang à un pas de diſtance, & par ordre de grade & d'ancienneté; ſavoir, s'il n'y a que le Lieutenant & le Sous-lieutenant, le premier ſe placera vis-à-vis le centre du demi-rang de la droite, & le Sous-lieutenant vis-à-vis le centre du demi-rang de la gauche: s'il y a deux Sous-lieutenans, ils ſe placeront, ainſi qu'il vient d'être preſcrit, le plus ancien à la droite, & le Lieutenant au centre de la troupe ſur le même alignement.

Si la troupe doit paſſer une revue d'Inſpecteur, on fera le commandement:

Garde = à vous.

Portez = vos armes.

Porter la main droite à la poignée, placer la main gauche ſous la croſſe, & laiſſer tomber la main droite ſur le côté.

Les

Les Cavaliers auront *l'œil à droite*, ainſi qu'il a été preſcrit ci-devant, à moins que l'Inſpecteur ne vienne par la gauche, auquel cas on commandera *l'œil à gauche.*

Lorſque l'Inſpecteur arrivera à trente pas de la troupe, on commandera :

Baïonnette = au canon.

Portez = vos armes.

Ce qui s'exécutera ainſi qu'il eſt expliqué à l'inſpection des armes.

A ce commandement, les Officiers mettront le ſabre à la main, s'ils ne l'ont pas déjà ; & le Prévôt général ſe placera au centre à un pas en avant du rang des Officiers pour recevoir l'Inſpecteur.

Si l'Inſpecteur doit recevoir tous les honneurs, dès qu'il ſe ſera approché à dix pas environ du front de la troupe, le Trompette ſonnera *la marche*, & le Prévôt général fera le commandement :

Garde = à vous.

Préſentez = vos armes.

Tourner de la main gauche la platine en deſſus, ſaiſir la poignée avec la main droite, l'arme détachée de l'épaule, achever de tourner l'arme avec la main droite pour la porter d'à-plomb vis-à-vis l'œil gauche, la baguette en avant, le chien à hauteur du dernier bouton de la veſte ; la ſaiſiſſant en même temps de la main gauche au-deſſus & contre la partie ſupérieure de la platine, le pouce alongé, les bras près du corps.

Le Prévôt général ſaluera ſeul du ſabre au moment où l'Inſpecteur s'approchera de lui.

L'Inſpecteur ayant parcouru le front de la troupe, donnera ſes ordres pour faire porter les armes & ouvrir les rangs ; alors le Prévôt général fera les commandemens ſuivans :

Garde = à vous.

Portez = vos armes.

Tourner l'arme le canon en dehors, l'élever & la placer

contre l'épaule gauche avec la main droite, mettre la main gauche sous la crosse & replacer la main droite sur le côté.

En arrière = ouvrez vos rangs. = Marche.

Le premier rang ne bougera, le second reculera à la distance de quatre pas, conservant la direction des chefs-de-file: les Officiers se porteront en même temps six pas en avant, se réglant sur leur droite, & feront ensuite face à leur troupe par un demi-tour à droite.

Si l'Inspecteur juge à propos de faire mettre les brigades en colonne pour les voir séparément, on commandera :

Garde = à vous.

Par brigade = à droite. = Marche.

Chaque brigade fera un quart de conversion à droite, après lequel elle fera *halte*.

Ouvrez = vos distances. = Marche.

La première brigade de chaque colonne partira du pied gauche pour marcher en avant, s'alignant à droite, la seconde brigade de chacune de ces deux colonnes ne partira que lorsque la première commencera son troisième pas; la troisième brigade observera la même règle par rapport à la seconde, & successivement toutes les autres par rapport à celle qui les précédera; on fera le commandement *halte* dès que la dernière brigade de chaque colonne se mettra en mouvement.

L'Inspecteur accompagné du Prévôt général, parcourra alors le front & la queue des rangs, ou de chaque brigade en colonne, pour examiner les hommes, les questionner sur leurs devoirs, connoître leur conduite & recevoir les plaintes qu'ils pourroient avoir à porter. Il verra ensuite toutes les parties de l'habillement, de l'équipement & de l'armement, entrant à cet égard dans tous les détails, & ne négligeant rien de tout ce qui peut avoir rapport à la tenue & au bien du service. S'il juge à propos de faire la visite des armes, le Prévôt général fera les commandemens suivans :

Garde = à vous.

Reposez-vous = sur vos armes.

Saisir l'arme avec la main droite au-dessus & contre la première capucine, la lâcher de la main gauche & porter vivement l'arme à droite, tournant la baguette en avant, la laisser glisser la crosse à terre, pour prendre la position indiquée avant le premier commandement de l'inspection.

On fera ensuite les commandemens prescrits ci-devant pour l'inspection.

Ce dernier examen étant fini, on fera porter les armes; & si la troupe est en colonne par brigade, on commandera :

Serrez = vos distances. = Marche.

La première brigade de chaque colonne ne bougera, toutes les autres serreront à la distance nécessaire pour se mettre en bataille & feront *halte.*

À gauche = en bataille. = Marche.

Chaque brigade fera un *quart de conversion à gauche*, après lequel elles s'aligneront toutes sur la droite & feront *halte.* On fera serrer les rangs en avant, & les Officiers se placeront alors à la tête de la troupe.

L'Inspecteur donnera ensuite ses ordres pour faire défiler, soit par un, par deux ou par brigade, ce qui s'exécutera ainsi qu'il est expliqué ci-devant : les Officiers marcheront à la tête de leur troupe, le Prévôt général à un pas en avant du Lieutenant, saluera du sabre; & le Trompette à deux pas en avant du Prévôt, sonnera *la marche.*

La troupe ayant parcouru cinquante pas environ, se reformera en bataille, pour attendre les derniers ordres de l'Inspecteur qui la fera défiler une seconde fois par un plus grand ou plus petit front, s'il le juge à propos, ou qui la congédiera après qu'il aura terminé son inspection.

Alors le Lieutenant fera reposer les Cavaliers sur les armes, remettre la baïonnette en son lieu, porter les armes,

& les porter enſuite au bras. Il reconduira la troupe au quartier d'aſſemblée, dans le même ordre qu'elle en ſera partie, où en y arrivant il la formera en bataille, & donnera ſes ordres pour que chaque brigade retourne à ſon quartier particulier.

Si la troupe doit paſſer une revue de Prévôt général, le Lieutenant obſervera, par rapport au Prévôt général, ce qui vient d'être preſcrit à celui-ci par rapport à l'Inſpecteur, mais le Trompette ne ſonnera point à ſon arrivée.

Pour les revues de Commiſſaire, le Commandant de la troupe ne fera point préſenter les armes ni mettre les brigades en colonne ; il fera cependant ouvrir les rangs s'il y en a deux, mais avant l'arrivée du Commiſſaire.

La revue terminée il fera rompre la troupe par brigade, &c. & la renverra ou la reconduira tout de ſuite à ſon quartier, ſans auparavant la faire reformer en bataille.

Les livrets de revue ſeront faits par ancienneté de brigade ; & dans chaque brigade, par ancienneté de Cavaliers.

TITRE V.

De l'Aſſemblée des Brigades & de leur formation à cheval.

LORSQUE toutes les brigades d'une Lieutenance devront monter à cheval, le Trompette ſonnera le *boute-ſelle* à l'heure indiquée ; auquel ſignal les Cavaliers ſelleront leurs chevaux & tiendront leur équipage prêt à charger ; mais s'il y a d'autres Troupes dans le quartier, le Trompette ſonnera des *appels* au lieu du *boute-ſelle.*

A la ſonnerie du *boute-charge*, les Cavaliers brideront leurs chevaux & les chargeront.

A la ſonnerie *à cheval*, le Commandant de chaque brigade ſe rendra avec les Cavaliers de ſa brigade, ſoit pied à terre, ſoit à cheval, au rendez-vous indiqué pour l'aſſemblée générale

générale des brigades ; où elles se formeront, relativement à leur nombre, de la manière indiquée à l'assemblée à pied, les rangs ouverts à douze pieds de distance.

Toutes les sonneries indiquées ci-dessus, seront conformes celles réglées pour la Cavalerie.

Les Officiers se trouveront en même temps au rendez-vous de la troupe; les Sous-lieutenans feront l'appel de leurs brigades, & verront s'il ne manque rien aux hommes ni aux chevaux, ainsi qu'aux différentes parties de l'habillement, de l'équipement & de l'harnachement: le Lieutenant, après avoir reçu les différens comptes des Sous-lieutenans, & s'être assuré qu'il n'y manque personne, fera compter les Cavaliers par deux, par la droite de chaque rang, & ensuite les commandemens nécessaires pour monter à cheval s'ils n'y sont pas déjà.

Les Cavaliers étant pied à terre à rangs ouverts, seront placés à la tête de leurs chevaux, leur tournant le dos, la bride dans le bras gauche, ainsi qu'il est expliqué ci-après à l'article de l'Équitation.

1.

Préparez-vous = pour monter à cheval.

2.

À Cheval.

3.

Reprenez = vos rangs.

Au premier commandement, tous les Cavaliers feront *demi-tour à gauche,* relevant la poignée du sabre, de la main gauche; les nombres pairs de chaque rang, reculeront leurs chevaux d'une longueur de cheval, ils passeront tous les rênes sur le cou, abattront l'étrier gauche, prendront de la main gauche une poignée de crins, jetant ensuite le bout des rênes en avant, & mettront le pied gauche à l'étrier.

Au second commandement, ils monteront à cheval ainsi qu'il est expliqué à l'article de l'Équitation.

Au troisième commandement, les Cavaliers qui auront reculé, rentreront dans leur rang.

La troupe étant à cheval, les Sous-lieutenans passeront par-devant & par-derrière les rangs de leurs brigades pour examiner si les chevaux sont bien bridés, la gourmette bien placée, s'ils sont bien harnachés & bien chargés; si les Cavaliers sont bien tenus, si les étriers sont à leur point, & les étrivières bien tournées; & enfin s'il ne manque rien de tout point, ni aux hommes ni aux chevaux.

Le Lieutenant, pour s'assurer que tout soit dans l'ordre, passera lui-même dans les rangs pour en faire la visite; après quoi il fera l'inspection des armes de la manière suivante.

TITRE VI.

De l'Inspection à cheval.

Garde = à vous.

A cet avertissement, les Cavaliers rassembleront leurs chevaux en ajustant les rênes, porteront l'œil à droite & observeront l'immobilité.

Inspection = des armes.

L'inspection du mousqueton & de la baïonnette se faisant à pied, celle à cheval se bornera à l'examen des pistolets & du sabre.

A ce commandement, les Cavaliers prendront de la main droite, par-dessus les rênes, le pistolet gauche, le saisissant à la crosse; ils le placeront dans la main gauche, le tenant à la poignée perpendiculaire, la platine en avant, & mettront la baguette dans le canon. Ce mouvement exécuté, les Sous-lieutenans parcourront le front de leurs brigades pour faire l'inspection du premier pistolet, & à mesure qu'ils arriveront devant un Cavalier, celui-ci élèvera la baguette & la laissera retomber; dès que l'Officier sera passé, il remettra la baguette en son lieu & le pistolet dans sa fonte.

Il répètera les mêmes mouvemens pour montrer le pistolet droit, plaçant les doigts entre la crosse & la selle, les ongles en-dessous; la visite en étant faite, il le remettra de même dans sa fonte & mettra le sabre à la main, ainsi qu'il est expliqué ci-après.

Il présentera en trois temps le sabre à l'Officier à mesure qu'il s'arrêtera devant lui.

PREMIER. Porter le sabre en avant, le bras demi-tendu, la coquille à hauteur & à un pied de distance du menton, la lame perpendiculaire, le plat en avant, le tranchant à gauche, le pouce alongé sur le côté droit de la poignée, repassant le petit doigt en avant.

SECOND. Tourner le poignet en dedans pour présenter l'autre côté de la lame.

TROISIÈME. Dès que l'Officier sera passé, porter le sabre à l'épaule en retournant le poignet en dehors.

Le Lieutenant parcourra également les rangs pour en faire un dernier examen, ne négligeant rien de tout ce qui peut avoir rapport à la tenue & au bon ordre.

Il commandera ensuite:

Remettez le sabre.

Deux temps.

PREMIER. Élever le sabre perpendiculairement la pointe en haut, repassant le petit doigt sur la poignée, la coquille à hauteur & à un pied de distance du menton.

SECOND. Approcher le poignet près & vis-à-vis l'épaule gauche, *baisser la lame de manière qu'elle passe en croix le long du bras gauche la pointe derrière,* la remettre dans le fourreau, & tournant ensuite la tête, porter l'œil à droite.

Ajustez = vos rênes.

Comme il est expliqué à l'article de l'Équitation.

Serrez = vos rangs.

Le second rang serrera sur le premier à un pied de distance;

depuis la croupe du cheval de devant jusqu'à la tête de celui du second rang.

Les hommes d'un même rang, seront alignés de manière que les fontes soient sur la même ligne, & assez près les uns des autres pour que les bottes se touchent sans se presser.

Chaque Cavalier, pour être bien aligné, ne doit point voir le rang ni par-devant ni par-derrière, il ne doit voir que son voisin de la droite, en portant l'œil à droite, pour aligner ses fontes.

Les Cavaliers du second rang, doivent avoir de plus l'attention d'être sur la direction de leur chef-de-file.

Tout étant disposé pour la marche, les Officiers se placeront à la tête de la troupe : le Lieutenant la fera rompre en se conformant à ce qui est réglé ci-devant pour l'assemblée à pied, & il la conduira sur le terrein où devra se faire la revue.

Les Officiers, dans la marche en colonne, occuperont les mêmes places qui leur sont désignées à pied ; les brigades dédoubleront, défileront, se reformeront & se mettront en bataille, ainsi qu'il est aussi prescrit à pied; avec cette différence que pour se mettre en bataille en avant, la première brigade de la colonne se portera, après le commandement, quatre pas en avant au lieu de deux: que pour se mettre en bataille à gauche, les brigades qui devront composer le premier rang, se porteront, après leur quart de conversion, cinq pas en avant au lieu d'un, en serrant leur file un peu sur la droite : & qu'enfin pour se mettre en bataille sur la droite, la première brigade, après son quart de conversion, se portera à huit pas en avant au lieu de deux, indiqués pour les mouvemens à pied.

La troupe étant formée en bataille, & les Officiers placés comme il est expliqué ci-devant; si elle doit passer une revue d'Inspecteur, dès qu'il arrivera à trente pas de la troupe, on fera les commandemens :

Garde = à vous.

Sabre = à la main.

Deux temps.

Au

Au mot *ſabre,* porter la main droite par-deſſus les rênes, paſſer le poignet dans le cordon; ſaiſir le ſabre à la poignée pour dégager la lame du fourreau d'environ quatre doigts.

Au mot *à la main,* tirer vivement le ſabre, le porter à l'épaule droite le tranchant en avant, le poignet un peu plus bas que la main gauche, le petit doigt derrière la poignée.

Si l'Inſpecteur doit recevoir tous les honneurs, le Trompette ſonnera, ainſi qu'il eſt preſcrit ci-devant.

Le Prévôt général le ſaluera ſeul du ſabre au moment où il s'approchera de lui.

L'Inſpecteur ayant parcouru le front de la troupe, donnera ſes ordres pour faire ouvrir les rangs, & les Officiers ſe porteront en avant, comme il eſt dit pour la revue à pied.

Si l'Inſpecteur juge à propos de faire mettre les brigades en colonne pour les voir ſéparément, on ſe conformera à ce qui eſt preſcrit à cet égard, & on fera ouvrir les diſtances entr'elles à quatre pas.

L'Inſpecteur, accompagné du Prévôt général, parcourra alors le front & la queue des rangs, ou de chaque brigade en colonne, pour voir les hommes & la manière dont ils ſont à cheval, examiner toutes les parties de l'habillement de l'équipement, de l'armement & de l'harnachement, entrant à cet égard dans tous les détails néceſſaires au bien du ſervice. Il fera enſuite la viſite des piſtolets; on commandera pour cet effet, *garde* = *à vous. Remettez* = *le ſabre. Montrez* = *les piſtolets;* ce qui s'exécutera comme il eſt dit à l'inſpection des armes, avec cette différence que les Cavaliers ne mettront point la baguette dans le canon, & qu'ils ſortiront tout de ſuite le piſtolet droit, pour les montrer enſemble, les tenant de chaque main à la croſſe le bout élevé, la platine en avant.

La viſite des piſtolets faite, l'Inſpecteur fera mettre pied à terre pour mieux examiner les ſelles, les bottes, &c.

On commandera;

Garde = à vous.

1.

Préparez - vous = pour mettre pied à terre.

2.

Pied à terre.

3.

Reprenez = vos rangs.

Au premier commandement, les nombres pairs de chaque rang, reculeront d'une longueur de cheval, après quoi ils prendront tous une poignée de crins & dégageront le pied droit de l'étrier.

Au deuxième commandement, ils mettront pied à terre, se réglant sur la droite, ils abattront ensuite les rênes pour les soutenir de la main gauche, relèveront leurs étriers, qu'ils accrocheront à la crosse des pistolets, & raccourciront leurs rênes pour les tenir à pleine main de la main gauche, le pouce fermé dessus à environ un pied du bouton, la main appuyée sur le creux de l'estomac, la rêne du hors-montoir passant sur le bras, & celle du montoir dessous, faisant face à leurs chevaux, qu'ils contiendront de la main droite par les rênes à six pouces au-dessous des branches du mors.

Au troisième commandement, ils quitteront les rênes de la main droite, feront tous *demi-tour à droite*, tournant le dos à leurs chevaux; les Cavaliers qui auront reculé, rentreront dans leur intervalle, & s'aligneront tous à droite, les talons joints.

L'Inspecteur, après avoir examiné les différens détails, donnera ses ordres pour faire remonter à cheval, & il fera ensuite sortir des rangs les chevaux de remonte pour juger si la taille & la tournure en sont convenables. Ils rentreront dans leurs rangs, en passant par-derrière à mesure qu'ils auront paru.

Il fera défiler toutes les brigades l'une après l'autre pour examiner tous les chevaux, & réformer, d'après les ordres qu'il en recevra, ceux qui lui paroîtront hors de service.

Les brigades, après avoir défilé au pas, ſe reformeront dans le même ordre à cent pas plus loin. L'Inſpecteur les fera défiler une ſeconde & troiſième fois au trot, & enſuite au galop pour juger de la manière dont les Cavaliers conduiſent leurs chevaux & y ſont placés.

Les brigades ſeront enſuite remiſes en bataille, ainſi qu'il eſt preſcrit à pied, & l'Inſpecteur donnera ſes ordres pour rompre la troupe en colonne par brigade; alors le Prévôt général, après avoir fait mettre le ſabre à la main, fera les commandemens pour ſe rompre par brigade; il marchera à la tête de la colonne à un pas en avant des Officiers pour ſaluer l'Inſpecteur: le Trompette marchera, comme il eſt dit ci-devant, à deux pas en avant du Prévôt, & ſonnera *la marche.*

La troupe ayant parcouru cent pas environ, ſe reformera une dernière fois en bataille, & l'Inſpecteur la congédiera après en avoir vu tous les détails.

Alors le Lieutenant fera remettre le ſabre, & il reconduira la troupe au quartier d'aſſemblée dans le même ordre qu'il en ſera parti, où en y arrivant il la formera en bataille, & donnera ſes ordres pour que chaque brigade retourne à ſon quartier particulier.

Le Lieutenant ſe conformera, pour les revues de Prévôt général & pour celles de Commiſſaire, à ce qui eſt preſcrit ci-devant à cet égard.

Les brigades de Maréchauſſée ne devant point combattre en troupe, ne ſeront aſſujetties à aucun exercice ni manœuvre : les Cavaliers qui les compoſent ayant précédemment ſervi dans les différens corps, doivent être ſuffiſamment inſtruits de la manière de charger leurs armes & de faire feu, ce qui ſuffit à leur genre de ſervice.

Mais à l'égard de la partie de l'équitation, comme elle leur eſt néceſſaire, tant pour la manière d'être placé à cheval que pour celle de les conduire, ils ſe conformeront aux principes établis ci-après, & les Commandans de brigades apporteront tous leurs ſoins à ce que les Cavaliers de leur brigade ſachent bien ſeller, équiper & brider leurs chevaux, qu'ils y ſoient convenablement placés, qu'ils ſachent les conduire & les former lorſqu'ils ſont jeunes; & enfin qu'il n'y ait aucune négligence ſur les différens objets de détail qui ont rapport au panſement du cheval, à la manière de lui lever & tenir les pieds, faire les crins, &c.

TITRE VII.

De l'Équipement du cheval.

Pour ſeller un cheval.

RELEVER les ſangles & la croupière ſur le ſiége, prendre la ſelle de la main gauche à l'arcade de l'arçon de devant, & de la main droite au trouſſequin, la poſer doucement ſur le corps du cheval ſans le ſurprendre, paſſer la croupière, élever enſuite la ſelle pour la porter en avant, ſangler le cheval par degrés, la ſangle de derrière moins ſerrée que celle de devant.

Obſerver pour que la ſelle ſoit à ſa place, que la pointe du quartier de devant tombe d'aplomb ſur le coude du cheval; qu'on puiſſe paſſer aiſément trois doigts entre l'arcade de la ſelle & le garrot; que la croupière ſoit aiſée, & qu'il n'y ait point de crins entre le culeron & la queue du cheval.

Que le poitrail ſoit au-deſſus du mouvement de l'épaule, & pas trop ſerré : on aura attention que le cheval ne ſoit ni trop, ni trop peu ſanglé; qu'il ne ſe trouve aucun contre-ſanglon ni porte-étrier entre la ſelle & le corps du cheval, & que les boucles des étrivières ſe trouvent cachées ſous les quartiers.

Pour brider un cheval.

TENIR la têtière de la bride avec la main gauche les rênes

rênes ſur le bras ; prendre avec la main droite tous les crins du toupet, plaçant le coude droit ſur l'encolure ; élever enſuite la têtière pour la ſaiſir par le milieu du deſſus de tête, avec le pouce & le premier doigt de la main droite, ſans abandonner le toupet, laiſſant pendre le mors au-deſſous de la bouche du cheval ; quitter la têtière de la main gauche pour guider le mors en le ſoutenant ſous l'angle du canon avec le pouce, plaçant en même temps les autres doigts par-derrière la branche droite dans la bouche du cheval au-deſſus des crochets pour la lui faire ouvrir ; élever alors de la main droite la têtière pour faire entrer le mors, guidé par le pouce gauche ; la main gauche empoignant enſuite le toupet entre le deſſus de la tête & le frontal, donnera la liberté à la main droite d'y paſſer les oreilles, commençant toujours par celle du hors-montoir, & dégageant bien tous les crins du toupet.

On paſſe auparavant le bridon au cheval, comme il vient d'être expliqué pour la bride.

Boucler enſuite la muſerolle, la ſerrant ſans qu'elle gêne, puis la ſous-gorge, la laiſſant aiſée ; mettre la gourmette en la prenant par le dernier maillon avec le pouce & le ſecond doigt de la main droite, préſentant le plus gros côté en dedans ; l'accrocher en pouſſant avec le premier doigt le ſecond maillon dans le crochet, que l'on contient de la main gauche par-derrière l'œil du mors avec les deux premiers doigts ; ſoutenir pendant ce temps les rênes ſur le bras gauche, ou les paſſer auparavant ſur le cou du cheval pour agir plus librement.

On obſervera pour que le mors ſoit bien placé, qu'il porte au-deſſus des crochets ſans les toucher (le point le plus convenable eſt à un travers de doigt au-deſſus des crochets d'en haut) ; que la gourmette ſoit ſur ſon plat, qu'elle ſoit placée entre la bride & le bridon, afin que ce dernier puiſſe agir ſans la faire remuer : il faut que le crochet & l'*S* ſoient de la même longueur, afin que le milieu de la gourmette porte ſur le milieu de la barbe du cheval, & que l'appui ne s'en faſſe pas ſentir plus d'un côté que de l'autre : le frontal du bridon doit être entièrement caché par celui de la bride.

Pour mettre un caveſſon au cheval.

LE placer aſſez haut pour qu'il ne gêne point la reſpiration ; que la muſerolle paſſe ſous les montans du gros bridon (ou entre le montant de la bride & du bridon, ſi le cheval eſt en bride), & la fauſſe ſous-gorge par-deſſus les deux ; que l'un & l'autre ſoient ſuffiſamment ſerrés pour que le caveſſon ne puiſſe pas tourner, ce qui feroit porter la jouelière de dehors ſur l'œil du cheval.

TITRE VIII.

De la manière dont il faut mener ſon cheval en main.

LES Cavaliers mèneront leurs chevaux par le gros bridon ou par la bride, la tenant de la main droite, les ongles en-deſſus, au-deſſous & à ſix pouces environ des branches du mors; ſoutenant le bout des rênes avec la main gauche, les ongles en-deſſous, le bras tombant.

Arrivés au rendez-vous & placés dans le rang, ils mettront la gourmette, & ſe placeront enſuite en avant de leurs chevaux, leur tournant le dos, les rênes paſſées dans le bras gauche, les tenant à pleine main, le pouce gauche fermé deſſus à environ un pied du bouton, le poignet ſur l'eſtomac.

On mènera également ſon cheval en main, de la main gauche, par les mêmes moyens en ſens contraire.

TITRE IX.

Des premiers élémens de l'Équitation.

Pour monter à cheval.

S'APPROCHER de l'épaule du cheval, prendre le bout des rênes avec la main droite, les élever & les ſaiſir de la gauche,

(passant le petit doigt entre les deux rênes) au point qu'elles ne fassent pas reculer le cheval, prenant en même temps une poignée de crins, jeter ensuite le bout des rênes en avant, prendre l'étrier gauche, y mettre le pied gauche du côté de la boucle de l'étrivière, porter la main droite sur le troussequin, s'élever sur le pied gauche, le genou d'aplomb, s'élançant de la pointe du pied droit sans tirer la selle à soi, rester un temps le corps droit sur l'étrier, passer la jambe droite tendue par-dessus la croupe sans la toucher, porter en même temps la main droite sur l'arçon de devant pour soutenir le corps & arriver doucement en selle.

Posture à cheval.

Il faut que les deux fesses portent également sur la selle, l'assiette près du pommeau, les reins droits, fermes & bien soutenus, le haut du corps aisé, libre & droit, contenant l'assiette par son propre poids & son équilibre, la tête droite & libre, les épaules tombantes & la poitrine saillante, les bras aisés, les coudes tombans naturellement.

La main de la bride éloignée du corps d'environ quatre doigts, & élevée au-dessus du pommeau d'environ trois doigts.

Les doigts fermés, le petit entre les rênes, & le pouce fermé sur la seconde jointure du premier doigt pour les contenir égales.

Le poignet bien soutenu, le haut plus élevé que l'avant-bras, les doigts en face du corps, le petit doigt plus près du corps que le haut du poignet.

La main droite tombant naturellement lorsqu'elle n'est point occupée.

Les cuisses, depuis les hanches jusqu'aux genoux, tombant presque d'aplomb, tournées en-dedans & collées au quartier de la selle sans roideur.

Le pli des genoux liant pour opérer des jambes.

Les jambes libres & tombantes sous les genoux.

Les pieds parallèles au corps du cheval, sans estropier les chevilles.

Les pointes des pieds, lorsqu'on est sans étrier, tombant naturellement.

Lorsqu'on se sert des étriers, il faut, pour qu'ils soient au point convenable, que l'homme en s'élevant puisse passer aisément la main fermée, ou quatre doigts, entre la selle & l'enfourchure.

Les étriers doivent soutenir le poids des pieds, de manière que le talon soit plus bas que la pointe du pied, plaçant la racine du pouce sur le milieu de la grille.

MANIÈRE de mener le cheval en gros bridon.

PRENDRE une rêne dans chaque main, les ongles presque en-dessous, le pouce alongé sur chaque rêne, les poignets séparés d'environ un demi-pied & à hauteur des coudes, qui doivent tomber naturellement.

Pour marcher.

FERMER les jambes par degrés, selon le besoin, en mollissant les poignets. (Ce qui s'appelle la *main légère*).

Pour tourner à droite.

ÉCARTER la rêne droite en la tirant à côté de soi, les ongles en-dessous, mollissant un peu le poignet gauche pour donner au cheval la facilité d'obéir; l'épaule étant décidée, fermer la jambe droite, la main légère pour déterminer le cheval en avant.

On pourra tourner son cheval des deux rênes dans les allures vives, en élevant les poignets & les soutenant un peu à droite.

Pour tourner à gauche.

SE conformer aux mêmes principes en exécutant les mouvemens contraires.

Pour

Pour faire halte.

SE grandir du haut du corps ſans ſe renverſer ni ſortir de l'aplomb, élever un peu les poignets pour tirer les rênes à côté de ſoi, en portant les coudes en arrière, les jambes près: le cheval ayant obéi, relâcher les jambes, & la main légère pour qu'il ne recule pas; ſi au contraire il n'obéiſſoit pas, on ſcieroit du bridon en tirant alternativement chaque rêne plus ou moins fort, ſuivant la ſenſibilité du cheval.

Pour croiſer les rênes dans la main gauche.

PASSER la rêne droite dans la main gauche pour la placer ſous la rêne gauche, de façon que l'extrémité ſupérieure ſorte du poignet gauche du côté du petit doigt.

MANIÈRE DE MENER LE CHEVAL AVEC LA BRIDE.

Pour ajuſter les rênes.

LES ſaiſir avec le pouce & le premier doigt de la main droite, au-deſſus & près du pouce gauche, les élever perpendiculairement coulant la main juſqu'au bouton, les derniers doigts ouverts, les ongles en avant, le coude un demi-pied plus bas que la main, entr'ouvrir les doigts de la main gauche, le pouce élevé pour laiſſer égaliſer les rênes, & la main droite les abattant enſuite ſe remettra à ſa poſition.

On obſervera dans tous les mouvemens de la main, que le bras agiſſe librement ſans que l'épaule ſe roidiſſe.

Pour marcher.

FERMER les deux jambes ſelon le beſoin, ayant la main ſuffiſamment légère, pour donner la liberté au cheval d'avancer.

Pour former un demi-arrêt.

ÉLEVER la main par degrés juſqu'à ce que le cheval

ralentiſſe ſon allure, réglant en même temps l'effet des jambes ſur celui de la main.

Pour avoir la main légère.

BAISSER le poignet environ un ou deux pouces, plus ou moins, ſuivant le beſoin; obſervant que l'avant-bras ſuive le mouvement du poignet pour qu'il ſoit toujours ſoutenu; replacer enſuite, & par degrés, la main à ſa poſition.

Pour raſſembler ſon cheval.

FERMER les deux jambes en formant un demi-arrêt, & dès que le cheval s'eſt mis d'aplomb, replacer la main & les jambes.

On aura attention que la main & les jambes ſoient bien d'accord, relativement à ce qu'on voudra demander à ſon cheval, c'eſt-à-dire qu'il faut que l'aide des jambes précède celui de la main lorſqu'on veut déterminer ſon cheval en avant, le raſſembler & lui donner de l'action; & qu'au contraire, il faut que l'aide de la main précède celui des jambes, lorſqu'on veut diminuer l'action du cheval, ou le déterminer à droite ou à gauche.

On obſervera toutes les fois qu'on ſe ſervira des jambes, de les approcher du corps du cheval par degrés, c'eſt-à-dire doucement & ſans à-coup, & de les relâcher de même ſans que les genoux ſe dérangent ni quittent les quartiers de la ſelle, ce qui s'opèrera lorſqu'on aura le pli des genoux bien lians.

Pour tourner à droite.

PORTER la main à un demi-pied environ en avant, la ſoutenant à droite, les deux rênes égales; l'épaule déterminée, on fermera la jambe droite, la main légère, la replaçant enſuite, ainſi que la jambe.

Pour tourner à gauche.

SOUTENIR de même la main en avant & à gauche, le coude détaché du corps, & fermer la jambe gauche.

Pour prendre le bridon de la main droite.

PRENDRE par-dessus les rênes de la bride le bridon par le milieu, les ongles en dessous pour tenir le cheval au même degré qu'on le tiendra de la bride, ayant aussitôt la main gauche légère.

On se servira alternativement, & de temps en temps, de la bride & du bridon, soit pour ralentir son cheval ou pour lui rafraîchir les barres, mais jamais des deux à la fois.

Pour lâcher le bridon.

ASSURER la main de la bride en rassemblant son cheval, & abandonner le bridon.

Pour pincer des deux.

LORSQU'UN cheval n'obéit pas aux jambes, appuyer vigoureusement les deux talons derrière les sangles, & sans à-coup, le corps & la main assurés; un temps après relâcher les jambes.

Pour rendre la main.

PRENDRE à un demi-pied de la main gauche les rênes à pleine-main de la droite, le pouce en dessus; la porter au-dessus de la main gauche, le poignet bien soutenu & près du corps, les ongles y faisant face; former un demi-arrêt en élevant la main droite, la main gauche entr'ouverte, le pouce élevé, les deux jambes près: lorsque le cheval se soutiendra, relâcher les jambes en baissant la main droite jusque vers le pommeau de la selle, plus ou moins, passant la main droite entre le corps & la main gauche qui restera à portée de reprendre les rênes; ramener ensuite les rênes dans la main gauche, en élevant la main droite près du corps, & dès que les rênes sont le premier effet, approcher un peu les jambes, assurer la main gauche, abandonnant les rênes de la droite.

Pour raccourcir ou *alonger les rênes.*

MÊMES principes que pour rendre la main.

Pour faire halte.

SOUTENIR le corps, les reins assurés, élever en même temps la main par degrés, les deux jambes près; dès que le cheval aura obéi, relâcher les jambes & la main.

Pour reculer.

MÊMES principes que pour arrêter, observant d'avoir la main légère toutes les fois que le cheval obéit à son effet. *Pour cesser de reculer.* Avoir la main légère, les deux jambes près; le cheval ayant obéi, relâcher la main & les jambes.

Pour mener son cheval de la main droite.

PRENDRE la bride dans la main droite, comme il est prescrit pour rendre la main, le poignet soutenu près du corps, vis-à-vis la poitrine, les doigts également éloignés du corps, la main gauche tombant sur le côté.

On mènera son cheval de la main droite, soit en le travaillant à gauche, soit en route pour reposer la main gauche, ou soit qu'on y ait quelque blessure.

La bride étant dans la main droite, on ajustera les rênes avec le secours de la gauche.

TITRE X.

Des moyens de dresser les Chevaux.

LA douceur & la patience sont absolument nécessaires pour dresser les chevaux; on ne doit exiger d'eux que ce que

que leurs forces leur permettent de faire, & on ne doit employer les châtimens qu'à l'extrémité.

C'eſt à l'écurie qu'on accoutumera les chevaux à être ſellés & bridés, en les y amenant par degrés, ainſi que pour les mon.er & deſcendre.

Il faut débourrer les jeunes chevaux à la longe; mais avec beaucoup de précautions & de ſageſſe, les arrêter ſouvent en les faiſant venir à ſoi, & les careſſer.

Lorſque le cheval ſaute & veut galoper, il faut ſecouer légèrement & horizontalement la longe, ou lui donner de petites ſaccades de caveſſon, pour le remettre au trot ou au pas.

Après qu'on l'aura arrêté & fait venir à ſoi, on le fera reculer quelques pas, en lui donnant quelques légères ſaccades de caveſſon & quelques petits coups de gaule ſur les jambes de devant; dès qu'il aura obéi quelques pas, on le careſſera: il importe peu qu'il recule droit ou non, pourvu qu'il comprenne ce qu'on lui demande. S'il n'obéiſſoit point au caveſſon, on prendroit ſans le monter les rênes du bridon, & on les éleveroit pour le faire reculer, en continuant de ſe ſervir du caveſſon, & même de la gaule.

Si le cheval eſt en âge d'être monté, c'eſt-à-dire qu'il ait quatre ans faits, on le montera pour lui faire connoître les aides inſenſiblement; on le mènera au pas & au trot, l'arrêtant & le faiſant reculer quelquefois. Quand le cheval aura travaillé quelque temps au trot, qu'il ſera bien débourré & aſſuré ſur ſes quatre jambes, on pourra le faire galoper partant d'abord du pas au trot, & du trot au galop, repaſſant enſuite du galop au trot, & du trop au pas, pour enſuite faire *halte*. Quand le cheval obéira bien à la longe, on le mènera en liberté; mais s'il avoit de la diſpoſition à ſe défendre, il faudroit le remettre à la longe, & en uſer ainſi juſqu'à ce qu'il obéiſſe parfaitement en liberté.

ATTENTIONS qu'il faut avoir pour les Chevaux qui ſe défendent.

LORSQU'UN cheval donne des coups de tête en avant, ce qui s'appelle *battre à la main*, il faut tenir la main aſſurée dans ce moment & les jambes près.

Lorſqu'un cheval fait *une pointe*, c'eſt-à-dire lorſqu'il s'élève du devant, il faut avoir la main légère; car en ſe tenant à la main, on courroit riſque de faire renverſer le cheval ſur ſoi.

Lorſqu'en fermant une jambe le cheval ſe défend en donnant du pied au talon du Cavalier, ce qui s'appelle *ruer à la botte*, il faut le pincer vigoureuſement pour le châtier.

Quand un cheval rue, il faut mettre le haut du corps en arrière, les reins aſſurés, ſoutenir la main ferme en avant en approchant les jambes, & le pincer des deux s'il continue.

Lorſqu'un cheval héſite de ſe porter en avant, il faut le chaſſer des jambes, en le décidant de la main en avant; & s'il s'y refuſoit, il faudroit le pincer vigoureuſement.

La plupart des chevaux qui ſe défendent, ne le font que parce qu'on ſe tient à la main, c'eſt pourquoi il faut leur donner beaucoup de liberté.

Il en eſt qui ſe défendent par foibleſſe, il ne faut exiger d'eux que ce que leurs forces leur permettent.

Les chevaux qui ſe défendent par la peur que leur cauſe quelqu'objet, ne ſont pas dans le cas de châtiment; il ne faut point prétendre les aguerrir en les bruſquant, mais en leur donnant de la confiance; & pour y parvenir, il faut continuer de les porter en avant ſans les approcher trop de l'objet qu'ils craignent.

Lorſqu'on arrête un cheval, il faut y aller fort doucement dans les commencemens, de même que pour le reculer, afin de ne point lui fatiguer les jarrets ni les reins.

Il y a des chevaux qui ont l'arrêt ſourd, & qui n'obéiſſent pas aux premiers effets de la main; ceux-là exigent plus de précautions & de patience.

Lorſqu'après avoir reculé un cheval, on voudra le porter tout de ſuite en avant, il ne faudra point le précipiter, mais le raſſembler doucement pour lui donner la facilité de s'y porter.

Toutes les fois qu'un cheval obéit à ce qu'on lui demande, il faut avoir la main légère ou lui rendre la main, c'eſt la ſeule récompenſe qu'on puiſſe lui donner, comme auſſi de le deſcendre quelquefois quand il a fait les choſes qui lui coûtent le plus.

L'intention de Sa Majeſté eſt que toutes les brigades de Maréchauſſée, ſe conforment avec la plus grande exactitude à ce qui eſt preſcrit par la préſente Inſtruction; défendant aux Inſpecteurs généraux, & à tous ſes Officiers qu'il appartiendra, de ſouffrir qu'il y ſoit rien changé, augmenté ni retranché en quelque manière & ſous quelque prétexte que ce ſoit.

FAIT à Verſailles le vingt-huit Avril mil ſept cent ſoixante-dix-huit. *Signé* LOUIS. *Et plus bas,* LE PRINCE DE MONTBAREY.

www.ingramcontent.com/pod-product-compliance
Ingram Content Group UK Ltd.
Pitfield, Milton Keynes, MK11 3LW, UK
UKHW020216180726
13838UKWH00005B/2027

9 782329 457727